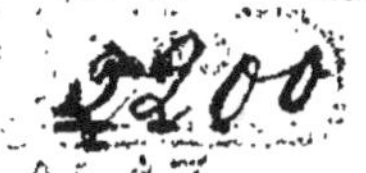

P.-C. ROBERT
Avocat, Docteur en droit.

Droits et Obligations

des

PATRONS

et des

COMMIS
EMPLOYÉS
OUVRIERS

Contremaîtres, Chefs d'atelier, Voyageurs, Représentants de commerce, Agents de compagnie, Salariés des deux sexes.

Bibliothèque « Vie Pratique »

LES ÉDITIONS PRATIQUES ET DOCUMENTAIRES
PARIS

Le Contrat de travail.
Les obligations du Patron et celles du Salarié.

Conditions de validité du louage de services. — Clauses nulles. — Comment rédiger le contrat de louage de services. — Conseils spéciaux aux patrons et aux employés. — Du règlement d'atelier. — Obligations du patron. — Salaires. — Travail aux pièces. — Travail supplémentaire. — Remises et gratifications. — Part d'intérêt dans les bénéfices. — Clauses pénales. — Le salaire est créance privilégiée. — La prescription. — Droits des créanciers des employés et ouvriers, sur les salaires et appointements de ces derniers. — Obligations du salarié. — Travail à fournir, sa durée. — Permissions et congés. — Cas de maladie.

CONDITIONS DE VALIDITÉ DU CONTRAT DE LOUAGE DE SERVICES

Pour que le contrat de louage de services soit valable, plusieurs conditions doivent être remplies:

1re Condition. — Il faut que les parties soient capables de contracter valablement.

Ne peuvent valablement louer leurs services à un patron: Le mineur non émancipé (sans l'autorisation expresse ou tacite du père ou tuteur), la femme mariée non expressément autorisée par son mari.

Le patron qui prendrait à son service une femme mariée, contrairement à la volonté du mari de celle-ci, s'exposerait à payer des dommages-intérêts.

2e Condition. — Il faut que les parties aient donné leur consentement.

Ce consentement ne serait pas valable s'il était donné par erreur, extorqué par violence, ou surpris par dol.

3° *Condition. — Il faut que l'objet du contrat soit bien précisé.*

L'objet du contrat c'est, d'un côté, le travail que l'employé promet de faire, et, de l'autre côté, la rémunération consentie pour ce travail.

4° *Condition. — Il faut que l'objet de l'obligation de chaque partie ne soit pas contraire à la loi, à l'ordre public ou aux bonnes mœurs.*

Quelques clauses illicites, nulles ou entraînant la nullité du contrat. — La loi ne permet d'engager ses services qu'à temps ou pour une entreprise déterminée (Art. 20, C. du Travail). Un engagement contracté pour la vie entière est nul.

Est souvent nulle, la clause interdisant à un placier, à un voyageur de commerce, à un agent d'assurances, de remplir, dans une maison concurrente, des fonctions analogues à celles qu'il exerce dans la maison de son patron, s'il vient à quitter celle-ci. Pour que cette clause soit valable, il faut que l'interdiction ne s'étende pas à la fois à toute la vie de l'employé et à toutes les maisons similaires. Si elle est perpétuelle, il faut qu'elle ne vise qu'une ville ou une région. Si elle s'applique à toutes les villes, il faut qu'elle n'ait qu'une faible durée: deux ans, cinq ans.

Comment rédiger le contrat de louage de services

Sous quelles formes, patrons et employés, doivent-ils s'engager les uns envers les autres? — Rien de spécial n'est obligatoire en cette matière.

Donc, deux manières de contracter: 1° verbalement; 2° par écrit.

Exceptionnellement, le contrat écrit de travail entre patrons et ouvriers (industriels ou agricoles) est exempté du timbre et de l'enregistrement. Il doit donc être fait en double, sur papier libre.

Au contraire, entre patrons et employés, la même faveur n'existe pas. Le contrat de travail, pour ces derniers, doit, en principe, être établi en double, sur

papier timbré, et comporte un droit d'enregistrement
de 1 fr. 25 0/0.

CONSEILS SPÉCIAUX AUX PATRONS ET AUX EMPLOYÉS
POUR LA RÉDACTION DES CONTRATS

Avoir soin de:

1° Préciser les nom, prénoms et adresse des parties;

2° Bien indiquer la nature de l'emploi dont il
s'agit, ainsi que les obligations générales et spéciales
imposées à l'employé;

3° Fixer la durée de l'engagement, qui ne doit, en
aucun cas, atteindre les limites de l'existence de l'employé. Fixer le délai dans lequel les parties doivent
se prévenir si elles viennent à se séparer, ou indiquer
qu'elles peuvent se donner congé sans préavis;

4° Fixer le montant des appointements ou salaires,
l'époque des paiements. Préciser les indemnités spéciales en espèces ou en nature, la participation sur
les bénéfices ou le tant pour cent sur le chiffre d'affaires s'il en est accordé;

5° Prévoir, s'il y a lieu, une rupture éventuelle du
contrat, volontaire ou pour cas de force majeure,
ainsi que les conséquences possibles de cette rupture;

6° Prévoir les cas de vacances annuelles, d'absences
extraordinaires: (pour décès dans la famille ou maladie);

7° Fixer la rémunération éventuelle des heures de
travail supplémentaire;

8° Fixer le montant du cautionnement, s'il est con-
venu d'en fournir un. L'employé doit prendre garde
que la somme qu'il consent à donner en garantie ne
soit pas, par des termes ambigus, transformée en
apport social ou en prêt de consommation. Il peut
exiger que le versement ait lieu en banque et qu'il n'y
puisse être touché pendant toute la durée du contrat;

9° S'il s'agit d'un commis-voyageur, fixer le nom-
bre minimum des jours de voyage devant avoir lieu
chaque année;

10° Accorder ou refuser le droit de s'occuper de toute autre affaire, concurrente ou non;

11° Fixer les pays qui doivent être visités, la manière dont les ordres doivent être pris et transmis, la fréquence des correspondances avec la maison;

12° Fixer le minimum d'affaires à transmettre à la maison pendant chaque année du contrat;

13° Régler la question de la commission sur les commandes envoyées par les clients à la maison en dehors des voyages. En principe ces commandes doivent profiter au voyageur comme s'il les avait recueillies lui-même;

14° Indiquer si le contrat expire au bout du délai fixé ou s'il est renouvelé de plein droit par tacite reconduction et pour combien de temps. Délai éventuel de préavis. Indemnité de renvoi, s'il y a lieu;

15° Régler avec modération la question de l'interdiction de voyager, après rupture ou expiration du contrat, dans un certain rayon et pendant un certain délai;

16° Si c'est un mineur qui engage ses services, faire signer avec lui le père ou le tuteur;

17° Si c'est une femme mariée, faire signer le mari pour autorisation de sa feme, et s'il refuse de signer, s'abstenir;

18° Si l'ouvrier ou employé engagé est un étranger, s'assurer qu'il a fait sa déclaration de résidence et qu'il possède un extrait du registre d'immatriculation.

Du règlement d'atelier

Le règlement d'atelier, ostensiblement affiché par le patron, connu et accepté de l'ouvrier, est la loi de leurs rapports et gouverne leur conduite. L'ouvrier est considéré comme ayant accepté tacitement les conditions du travail déterminées par un règlement d'atelier, par cela seul qu'il a connu ce règlement, soit au moment de son entrée, soit au cours du temps qu'il a passé dans l'établissement.

Salaires. — Le patron est tenu de payer les salaires des ouvriers ou les appointements des employés en monnaie d'or ou d'argent ou en billets de banque ayant cours.

Les ouvriers doivent être payés au moins deux fois par mois, les employés au moins une fois par mois.

Travail aux pièces. — Pour tout travail aux pièces de longue durée, l'ouvrier doit recevoir des acomptes chaque quinzaine et être intégralement payé dans la quinzaine qui suit la livraison de l'ouvrage.

Travail supplémentaire. — Tout travail supplémentaire non prévu au contrat, oblige le patron à une rémunération supplémentaire.

Remises et gratifications. — Les remises et tant pour cent spéciaux sont dûs au même titre que les salaires et dans les mêmes conditions. Les gratifications, au contraire, ne peuvent être exigées. Le patron ne les alloue que s'il le juge à propos.

Intérêt dans les bénéfices. — L'employé intéressé, (même ayant versé un capital dont les intérêts lui sont payés en même temps que sa part de bénéfices), reste un employé.

S'il a un fixe, il y a droit intégralement. S'il n'a pas de fixe, il a droit à sa part convenue dans les bénéfices annuels de l'entreprise. Il ne participe pas aux pertes.

Qui établit les bénéfices? Le patron, et comme il l'entend. Si le patron abuse ou se trompe, les tribunaux seuls peuvent rectifier ses comptes.

Clauses pénales. — Les amendes, et autres sanctions réglementaires, sont légitimes quand elles sont prévues soit par les conventions individuelles soit par le règlement d'usine ou d'atelier qui est la loi des parties, à la seule condition que ce règlement ait été connu et accepté par l'ouvrier au moment où celui-ci a été engagé. En cas de difficulté, c'est au patron qu'il appartient de faire cette preuve.

Les retenues pour malfaçons sont, de même, légitimes en principe, lorsqu'elles sont prévues au règlement. Si elles donnent lieu à des difficultés, il faut en référer au Conseil des Prud'hommes.

Le salaire est créance privilégiée. — Sur les sommes dues pour travaux aux entrepreneurs de travaux publics, les tiers ne peuvent faire opposition au détriment des ouvriers auxquels il est dû des salaires ou des fournisseurs qui ont fourni des matériaux. On paie d'abord les ouvriers, ensuite les fournisseurs, et les autres créanciers n'arrivent qu'en dernier rang.

Quand un patron est mis en liquidation judiciaire ou en faillite, la créance des ouvriers à son service est privilégiée pour toute la partie correspondant aux trois mois qui ont pcérédé l'ouverture de la liquidation judiciaire ou de la faillite.

Quand un patron est mis en liquidation judiciaire ou en faillite, la créance de ses employés est privilégiée pour toute la partie correspondant aux six mois antérieurs à la déclaration de la liquidation judiciaire ou de la faillite s'il s'agit d'appointements fixes, et également pour toute la partie correspondant aux trois derniers mois précédant le jugement déclaratif, s'il s'agit de commissions définitivement acquises pendant ces trois derniers mois, alors même que la cause de ces créances remonterait à une époque antérieure.

Prescription. — Passé le délai de six mois, les ouvriers n'ont plus le droit de s'adresser à un tribunal pour obtenir le paiement de leurs journées, fournitures et salaires. Il y a prescription. Cette prescription a lieu, que les travaux aient ou non été continués. Pour empêcher la prescription, il aurait fallu arrêter les comptes, obtenir une reconnaissance de la dette ou assigner devant un tribunal, avant l'expiration du délai de six mois.

Dixième cessible et dixième saisissable. — Les salaires des ouvriers, quel que soit leur montant, et les appointements des employés ne dépassant pas 2.000 francs, sont insaisissables pour neuf dixièmes et saisissables seulement pour un dixième.

Les dits salaires et appointements peuvent être cédés jusqu'à concurrence d'un autre dixième.

Les appointements supérieurs à 2.000 fr. peuvent être saisis conformément au droit commun, soit dans la proportion fixée par les tribunaux s'il s'agit d'employés ordinaires, soit, à l'égard des fonctionnaires publics et employés civils, jusqu'à concurrence du tiers, du quart, du cinquième, suivant l'importance des appointements.

Pour calculer à combien s'élève le dixième cessible ou le dixième saisissable, il faudra ajouter au fixe de chaque employé, les commissions remises, participations qui complètent son traitement.

Le dixième cessible peut être cédé, par le salarié, à qui il lui plaît. S'il a fait plusieurs cessions, c'est la première signifiée au patron qui aura la préférence.

Obligations du salarié

Travail à fournir. — Etant payé pour un service déterminé à fournir dans un lieu quelconque: bureau, magasin, usine, atelier, chantier, etc., les employés ou ouvriers sont tenus de fournir le service promis en se conformant au contrat ou aux usages et en observant les règles de l'usine ou de l'atelier.

Durée du travail. — D'une manière générale on peut dire que la loi n'a pas fixé la durée de la journée de travail.

Permissions ou congés. Obligations et droits réciproques. — Si les permissions ou congés ne sont pas prévus dans l'engagement, ils ne peuvent avoir lieu sans l'autorisation du patron. En cas de contestation, c'est l'employé qui doit rapporter la preuve de l'autorisation.

Si le patron veut renvoyer son employé pour cause d'absence injustifiée, il doit au préalable le mettre en demeure de reprendre son travail, sous peine de renvoi.

Si l'absence de l'employé a une cause légitime et urgente, celui-ci doit avertir son patron, ou le représentant de ce dernier, dans la mesure du possible. S'il agit ainsi, il ne pourra, pour ce fait, être congédié sans indemnité.

Le patron n'encourt aucune responsabilité en remplaçant un ouvrier ou un employé ayant lui-même quitté son travail pour cause de maladie, n'ayant pas reparu les jours suivants, et ayant négligé de faire savoir au patron s'il pourrait ou non reprendre sa fonction.

Si le patron, sollicité de permettre une absence à son employé, la lui refuse, l'employé ne peut passer outre. S'il le fait, le patron a le droit de le congédier sans indemnité.

Cas de maladie. — Si l'employé ou l'ouvrier qui travaille à la journée, est malade, et ne peut travailler, il n'a pas droit à son salaire.

S'il s'agit de personnes employées autrement qu'à la journée et se trouvant dans ce même cas, il y a une question d'appréciation assez délicate.

Mais le patron se mettrait dans un mauvais cas s'il congédiait un employé ou un ouvrier sérieux pour une absence courte et légitime.

Responsabilité pour causes diverses. — L'ouvrier n'a pas le droit de détériorer volontairement la marchandise ou le matériel de son patron. Cet acte connu sous le nom de « sabotage » expose son auteur: 1° à des dommages-intérêts; 2° à un emprisonnement de deux à cinq ans; 3° à une amende.

Le salarié qui trouble l'ordre dans le lieu du travail, peut être condamné par le Conseil des Prudhommes à un emprisonnement de un à trois jours.

La Rupture du Contrat de travail et ses conséquences.

Des accidents du travail. — Taux de l'indemnité. — Frais divers. — Fin du contrat de louage de services. — Accord des parties. — Cas de force majeure. — Mort, faillite ou liquidation judiciaire. — Vente du fonds de commerce. — Appel sous les drapeaux.—Femmes en couches.—Fautes graves. — Echéance du terme. — Clauses exceptionnelles.— Le délai-congé.— De l'indemnité. — Clause licite. — Cautionnement. — Certificat. — Renseignements. — Les Secrets de la maison. — Concurrence déloyale. — Tribunaux compétents pour juger les difficultés entre patrons et salariés.

DES ACCIDENTS DU TRAVAIL

Les accidents survenus par le fait du travail, dans toute entreprise commerciale ou industrielle, donnent droit, au profit de la victime ou de ses représentants, à une indemnité à la charge du chef de l'entreprise, à la condition que l'interruption du travail ait duré plus de quatre jours.

Taux de l'indemnité. — L'ouvrier a droit:

Pour l'incapacité absolue et permanente, à une rente égale aux deux tiers de son salaire annuel.

Pour l'incapacité partielle et permanente, à une rente égale à la moitié de la réduction que l'accident aura fait subir au salaire.

Pour l'incapacité temporaire, à une indemnité journalière égale à la moitié du salaire touché au moment de l'accident. L'indemnité est due à partir du cinquième jour après celui de l'accident: toutefois, elle est due à partir du premier jour, si l'incapacité de travail a duré plus de dix jours.

Lorsque l'accident est suivi de mort, une pension

est servie: 1° au conjoint survivant non divorcé et non séparé de corps; 2° aux enfants légitimes ou naturels reconnus avant l'accident; 3° aux ascendants.

Ces rentes sont incessibles et insaisissables.

Frais divers. — Le chef d'industrie supporte, en outre, les frais médicaux et pharmaceutiques et les frais funéraires (100 francs au maximum).

Fin du contrat de louage de services

Certaines règles, en cette matière, s'appliquent à tous les contrats, que leur durée soit déterminée ou non.

D'autres ne s'appliquent qu'aux contrats à durée déterminée.

D'autres, enfin, ne s'appliquent qu'aux contrats à durée indéterminée.

Règles communes a tous les contrats

Accord des parties. — Le patron et l'ouvrier ou l'employé, peuvent, à n'importe quel moment, rompre leur engagement s'ils sont d'accord pour cela.

Cas de force majeure. — Lorsque, pour une raison qui ne dépend de la volonté d'aucune des parties, l'engagement ne peut s'exécuter, le contrat est rompu.

Il n'y a pas lieu à indemnité si le cas de force majeure n'est pas le résultat d'une faute.

La cessation volontaire d'une industrie ne rompt pas le contrat.

Mort, faillite ou liquidation judiciaire. — Le contrat n'est rompu ni par la mort ni par la faillite ou la liquidation judiciaire du patron. Ses héritiers, ou le liquidateur, sont tenus en principe d'exécuter le contrat ou de payer une indemnité.

En cas de faillite ou de liquidation judiciaire, l'employé qui a un engagement de durée ne peut quitter son emploi que si on ne lui offre pas des garanties suffisantes.

Le contrat est naturellement rompu par la mort de l'employé.

Vente du fonds de commerce. — Si le patron vend son industrie et si les employés ne peuvent ou ne veulent rester au service de l'acheteur, ils ont droit à une indemnité.

L'ancien patron devrait également une indemnité si le nouveau patron ne tenait pas, vis-à-vis des employés, les engagements dont il se serait chargé.

Appel sous les drapeaux. — Si un patron, ou un employé, ou un ouvrier est appelé sous les drapeaux comme réserviste ou territorial pour une période obligatoire d'instruction militaire, le contrat de travail ne peut être rompu de ce fait.

En cas d'appel sous les drapeaux pour cause de mobilisation, le contrat est rompu sans que l'absence de préavis puisse donner lieu à indemnité. Toutefois, le contraire a été admis par des jugements pendant la guerre.

Femmes en couches. — La suspension du travail par la femme, pendant huit semaines consécutives dans la période qui précède et suit l'accouchement, ne peut être une cause de rpture, par l'employeur, du contrat de louage de services. La femme doit avertir le patron du motif de son absence.

Pendant les couches, la femme ne peut exiger le paiement de son salaire.

Fautes graves. — Le patron peut légitimement, et par conséquent sans indemnité, renvoyer son employé pour faute grave. Par exemple: Si l'employé ne remplit pas ses engagements, s'il cherche à faire des profits illégitimes au détriment de son patron en s'entendant avec les clients ou les fournisseurs de celui-ci, s'il lui manque de respect, s'il le vole, s'il s'enivre ou cause du scandale, s'il fait à son patron une concurrence déloyale, etc...

Par contre, un employé peut, légitimement et sans indemnité, quitter son patron, si celui-ci l'a menacé, injurié, a levé la main sur lui, etc.

Dans ces différents cas, s'il y a engagement de longue durée, le mieux est de s'adresser au tribunal et d'attendre sa décision. En faisant justice soi-même on risque d'avoir à payer de grosses indemnités.

RÈGLES SPÉCIALES AUX CONTRATS DE DURÉE DÉTERMINÉE

Echéance du terme. — L'arrivée de la date fixée termine l'engagement. Le non-renouvellement de ce dernier ne saurait donner lieu à indemnité.

On convient souvent qu'au bout du délai fixé (trois ans, cinq ans, etc.), le contrat se renouvellera par tacite reconduction, si aucune des deux parties ne donne à l'autre avis contraire. Dans ce cas, le contrat est valable pour une période nouvelle égale à la première et aux mêmes conditions.

Si cette clause n'a pas été insérée au contrat, et si l'employé reste dans la maison, il y reste avec les mêmes avantages pécuniaires et autres qu'il a eus au début, mais sans obligation de durée de part ni d'autre. Il pourra, à tout moment, être donné congé dans les conditions d'usage.

Clauses exceptionnelles. — Est valable la clause d'essai qui lie l'employé pour une durée fixe et qui permet au patron de se dégager si l'employé ne le satisfait pas.

RÈGLES SPÉCIALES AUX CONTRATS DE DURÉE INDÉTERMINÉE

Le louage de service dont la durée n'a pas été déterminée peut toujours cesser par la volonté d'une seule des parties contractantes.

Le patron n'est soumis à aucune forme pour donner congé à un employé. Sa seule préoccupation doit être de pouvoir faire la preuve du congé si l'employé est de mauvaise foi.

Du délai-congé. — On appelle ainsi le délai qui existe entre le moment où le patron donne congé et celui où l'employé quitte la maison. La durée du délai-congé dépend de l'usage des lieux, auquel, dans le silence des contrats, les parties sont censées s'être référées. Or, en cette matière, les usages sont très imprécis et très variables.

Il ne paraît pas indispensable que le délai-congé parte d'un quantième déterminé. Il peut donc partir du 5, du 10, du 15, aussi bien que du jour de la fin du mois.

Toute modification importante des conditions que le patron veut imposer à son employé, et qui met celui-ci dans l'obligation d'accepter ou de quitter la maison, doit être signifiée en respectant le même délai de préavis que s'il s'agissait d'un congé pur et simple.

De l'indemnité. — La rupture du contrat par la volonté d'un seul des contractants, peut donner lieu à des dommages-intérêts, et cela dans le cas ou celui qui donne congé a abusé de son droit et a causé un dommage à l'autre.

Le droit de celui qui donne congé est présumé et c'est à l'autre à prouver l'abus et le dommage.

Un salarié ne peut légitimement demander une indemnité à un patron qui lui a donné congé selon l'usage et n'a commis aucune faute, quel que soit le préjudice subi par le salarié.

Quand le patron n'a pas observé le délai-congé d'usage, le salarié a droit à une indemnité équivalente à la part d'appointements dont il se trouve ainsi frustré.

Le salarié a également droit à une indemnité, si, tout en ayant respecté les délais, le patron lui a donné congé: 1° par esprit de tracasserie ou dans un but de vengeance, comme par exemple s'il lui reproche d'exercer un droit normal qui lui est conféré par la loi; 2° sans motif suffisant alors qu'il y avait promesse de le conserver encore longtemps; 3° pour refus de travail au-delà de la limite légale.

En sens inverse, l'employé est responsable soit d'un congé brusque, soit d'un congé abusif, donné à son patron, et, en principe, lui doit l'indemnité d'usage. Notamment, en cas de grève brusquement déclarée, quelle qu'en soit la cause, le contrat de travail est rompu et chacun des ouvriers est susceptible de condamnation à des dommages-intérêts.

Montant de l'indemnité à allouer. — Pour l'établir, il est tenu compte par les tribunaux des usages, de la nature des services engagés, du temps écoulé, des retenues opérées et des versements effectués en vuc d'une pension de retraite, et, en général, de toutes les circonstances qui peuvent justifier l'existence et déterminer l'étendue du préjudice causé.

Clause licite. — Les parties peuvent valablement renoncer au délai de préavis.

A QUOI EST OBLIGÉ LE PATRON QUAND LE CONTRAT DE LOUAGE DE SERVICES A PRIS FIN

Cautionnement. — Le contrat ayant pris fin, le patron doit rembourser immédiatement le cautionnement.

Le patron qui conserverait la somme en garantie, après l'expiration du délai fixé pour le remboursement, commettrait un *abus de confiance* et serait susceptible de *poursuites correctionnelles.*

Certificat. — Tout salarié peut, à l'expiration de son contrat, exiger de son patron, sous peine de dommages-intérêts, un certificat contenant exclusivement la date de son entrée, celle de sa sortie et l'indication du travail auquel il a été employé. Ce certificat est exempt de timbre et d'enregistrement (Code du travail, art. 24). Il peut être légalisé par le maire, le juge de paix ou le commissaire de police du domicile du patron.

Le patron ne peut donc fournir, sur le certificat, des renseignements mauvais, et l'employé ne peut en exiger de bons.

Le patron peut obliger le salarié qui reçoit le certi-ficat à lui en donner récépissé.

Renseignements. — Les renseignements donnés sur un salarié, d'une manière confidentielle, avec une en-tière bonne foi, et une sincérité exclusive de toute intention de nuire, ne peuvent constituer une faute ni engager la responsabilité du patron (Cour de Cas-sation).

A QUOI EST OBLIGÉ LE SALARIÉ QUAND LE CONTRAT
DE LOUAGE DE SERVICES A PRIS FIN

Le salarié qui a quitté son patron doit s'abstenir:

1° De révéler les secrets de la maison où il a tra-vaillé, qu'il les ait connus par suite de ses fonctions ou autrement;

2° De faire à son ancien patron une concurrence déloyale.

TRIBUNAUX AUXQUELS DEVRONT S'ADRESSER LES PATRONS,
LES EMPLOYÉS ET LES OUVRIERS EN CAS DE PROCÈS

Compétence. — Les difficultés entre patrons et sa-lariés, relatives au contrat de travail, doivent être jugées:

1° Entre ouvriers et patrons, par le Conseil des Prud'hommes, quelque soit le montant de la demande;

2° Entre employés et patrons, par le Conseil des Prud'hommes quand le montant de la demande ne dépasse pas 1.000 francs;

3° Entre employés et patrons, par le Tribunal de Commerce, quand le montant de la demande dépasse 1.000 francs;

5° Entre représentants de commerce et leur maison par le Tribunal de Commerce.

Les Prud'hommes jugent en dernier ressort: 1° sur la demande principale ne dépassant pas 300 francs;

2° sur les demandes reconventionnelles ne dépassant pas 300 francs.

Si l'une des deux demandes dépasse 300 francs (en capital), le jugement sur les deux n'est qu'en premier ressort.

Les jugements du Conseil des Prud'hommes rendus en premier ressort peuvent être déclarés exécutoires par provision et sans caution jusqu'à concurrence du quart de la somme, sans que ce quart puisse dépasser 100 francs.

Les jugements des Conseils de Prud'hommes rendus en premier ressort, sont — pendant dix jours à partir de la signification — susceptibles d'appel devant le *Tribunal Civil*. Dans ce cas, le ministère d'un avoué n'est pas obligatoire.

Procédure devant les conseils de Prud'hommes

Le demandeur cite son adversaire devant le bureau de conciliation par une lettre qui indique l'objet de la demande.

Les parties doivent s'y rendre en personne.

En cas de maladie ou d'absence, le salarié peut se faire représenter.

Le chef d'entreprises commerciales ou industrielles peut toujours se faire représenter par un de ses directeurs ou employés.

Le mandataire doit être porteur d'un pouvoir sur papier libre.

Les parties peuvent toujours se faire assister d'un avocat ou d'un avoué.

Procédure devant le tribunal de Commerce

Le demandeur fait citer son adversaire par exploit d'huissier.

Les parties peuvent se présenter elles-mêmes ou se faire représenter par un avocat, un agréé, ou un simple mandataire.